초등학생의 진로와 직업 탐색을 위한
잡프러포즈 시리즈 50

미술관 큐레이터는 어때?

초등학생의 진로와 직업 탐색을 위한 잡프러포즈 시리즈 50

미술관 큐레이터는 어때?

박현진 지음

TALK SHOW

차례

CHAPTER 01 미술관 큐레이터 박현진의 프러포즈

☺ 미술관 큐레이터 박현진의 프러포즈 … 10

CHAPTER 02 미술관 큐레이터가 하는 일

☺ 전시 준비의 시작은 기획 … 15
☺ 학술연구를 통해 전시에 담을 메시지를 만들어요 … 18
☺ 전시의 핵심은 작가와 작품! … 19
☺ 안전한 전시를 위해 보험을 들어요 … 22
☺ 공간을 구성하고 메시지를 실현하는 전시 설치 … 24
☺ 전시 관련한 글도 직접 써요 … 26
☺ 관람객을 위한 연계 교육 프로그램의 개발과 진행 … 27
☺ 전시에서 관람객과 만나요 … 29

CHAPTER 03 미술관 큐레이터가 되려면

- ☺ 미술적인 감각이 필요해요 … 35
- ☺ 호기심과 꼼꼼함, 끈기가 있으면 좋아요 … 37
- ☺ 소통을 어려워하지 않아야 해요 … 38
- ☺ 외국어를 잘하면 도움이 돼요 … 39
- ☺ 미술 전공은 필수 … 41
- ☺ 학예사 자격증을 취득해요 … 43
- ☺ 준비되었다면 공개채용에 도전해요 … 44

CHAPTER 04 미술관 큐레이터의 매력

- ☺ 새로운 시도를 하고 창의성을 발휘하는 매력 … 49
- ☺ 전시회가 성공했을 때 느끼는 성취감 … 50
- ☺ 주도적으로 전시를 기획하는 장점 … 54

미술관 큐레이터의 마음가짐

- ☺ 관람객으로 전시를 보지 못하는 아쉬움이 있어요 … 59
- ☺ 문제 없이 준비하는 전시는 없어요 … 60
- ☺ 누가 대신 할 수 없는 일이라 책임감이 커요 … 62
- ☺ 혼자만의 시간을 보내는 것으로 스트레스를 해소해요 … 63

미술관 큐레이터 박현진을 소개합니다

- ☺ 활발하고 적극적인 아이, 현진이 … 69
- ☺ 공부는 자기주도적으로 … 70
- ☺ 어릴 적 꿈은 화가! … 71
- ☺ 고등학교 때 화가의 꿈을 접고 … 72
- ☺ 다시 미술의 세계로 … 73
- ☺ 대학교에 진학한 후 유학을 결심 … 74
- ☺ 최선을 다해도 안 되는 게 있다는 것을 배운 유학 시절 … 76
- ☺ 미술관 큐레이터가 되어 … 80

10문 10답

- ☺ 미술관 큐레이터와 박물관 큐레이터는 어떻게 다른가요? … 85
- ☺ 국공립미술관과 사립미술관은 어떤 차이가 있나요? … 86
- ☺ 미술관에서는 또 어떤 사람들이 일하나요? … 88
- ☺ 연봉은 얼마인가요? … 89
- ☺ 업무 평가는 어떻게 하나요? … 90
- ☺ 큐레이터의 수요는 많은가요? … 91
- ☺ 다른 분야로 진출할 수도 있나요? … 92
- ☺ 큐레이터의 미래를 어떻게 예상하세요? … 93
- ☺ 외국 전시를 많이 보는 게 도움이 될까요? … 94
- ☺ 전시회가 끝나면 어떤 기분이 드세요? … 99

나도 미술관 큐레이터

- ☺ 나도 미술관 큐레이터 … 102

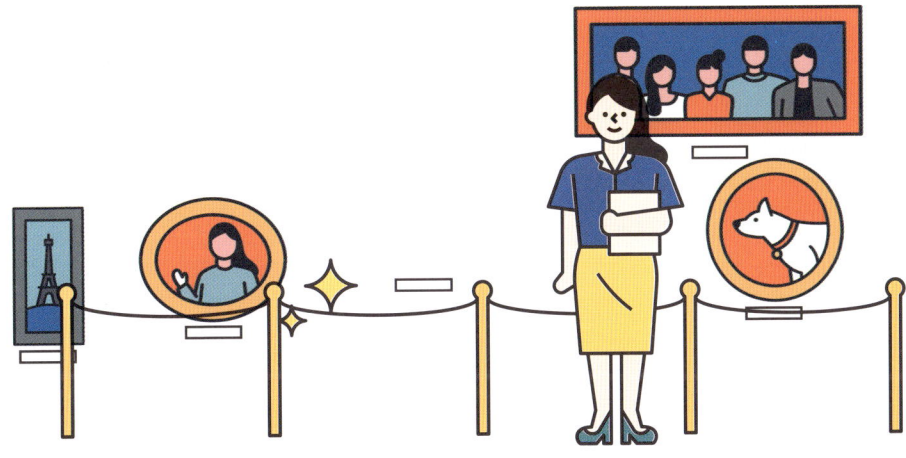

미술관 큐레이터 박현진의 프러포즈

　안녕하세요. 미술관에서 학예 연구와 전시 기획을 하는 학예연구사 박현진입니다. 저는 어릴 때부터 스케치북이나 벽면에 그림 그리는 것을 좋아했어요. 언젠가 미술관에 가서 전시회를 보고, 나도 이런 전시를 기획하는 사람이 되면 좋겠다는 상상을 했죠. 그리고 지금은 학예연구사(영어로 '큐레이터 Curator')가 되어 이 자리에서 여러분을 만나게 되었습니다.

　미술관에서 열리는 전시는 매우 다양해요. 그림이나 조각, 사진, 공예품 등을 차분히 감상할 수 있는 전시가 있는가 하면, 관람객이 참여해야만 완성되는 전시도 있고, '이런 것도 전시를 해?'라고 생각할 만큼 독특한 전시도 있어요. 그것이 무엇이든 전시장을 찾은 관람객의 시선과 마음을 사로잡을 수 있도록 다양한 주제와 다채로운 예술품으로 전시를 준비하는 사람이 바로 큐레이터입니다.

　큐레이터는 전시를 기획하고 준비하기 위해 많은 시간 공부하고 새로운 것을 만들어내는 직업이에요. 그래서 같은 주제로 같은 작가의 작품을 다룬다고 해도 똑같은 전시는 없어요. 늘 새로운 것을 연구하기에 지루할 틈이 없고 반복적인 일을 하지 않는다는 장점이 있어요. 작가가 창의성을 발휘해 작품을 만들듯이 큐레이터는 작가들의 작품으로 전시라는 커다란 작품을 만든답니다.

오늘날 전시의 분야는 그 영역을 넓혀가고 있어요. 미디어와 디자인 등도 전시하고 여러 매체를 결합한 전시도 열리죠. 야외에만 있을 것 같은 전시도 전시장 안으로 들어오는 등 앞으로는 더더욱 다양한 콘텐츠를 활용한 전시가 열릴 거예요. 미술과 예술품에 관심이 있고, 이 분야에서 자기 주도적인 일을 하고 싶은 마음이 있는 어린이에게 이 직업을 추천합니다.

- 미술관 큐레이터 박현진

2장에서는?

미술관에서 전시를 기획하기 위한 연구를 진행하고, 기획에 따라 전시를 실현해, 그에 맞는 전시 운영과 연계 프로그램 개발을 하는 사람을 학예연구사, 영어로 '큐레이터Curator'라고 해요. 미술관 큐레이터는 어떤 업무를 하는지 구체적으로 알아보아요.

전시 준비의 시작은 기획

　기획은 전시의 큰 틀과 방향을 정하는 과정이에요. 미술관마다 특징이 있고, 중요하게 생각하는 주제가 있어요. 그래서 전시를 기획할 때는 큐레이터가 일하고 있는 미술관이 어떤 이야기를 전하고 싶은지 먼저 생각하는 것이 중요해요. 기획은 연구를 바탕으로 해요. 여러 작가의 작품이나 주제를 연구한 다음에 전시의 가장 큰 틀을 잡아요. 주제는 환경이나 인구 문제처럼 오늘날 가장 트렌디한 것이 될 수도 있고, 미술사적으로 중요하게 여기는 미술 사조에서 찾을 수도 있어요. 또 필요하다면 교육적인 측면을 고려해 전시의 방향을 잡기도 해요. 예술을 누리는 사람만을 위한 전시가 아니라 모두에게 다가가는 미술이 되기 위해 사람들이 관심을 가지는 이슈를 가장 큰 주제로 잡고 전시 기획을 하지요.

　전시를 기획하고 개최 시기를 선정할 때 관람객의 수요층도 반영해요. 방학 시즌에는 무거운 전시보다는 아이들이 와서 즐겁게 관람할 수 있는 전시를 위주로 배치해요. 단순히 즐거운 전시처럼 보일지 모르지만,

그 기획에는 큐레이터가 관람객에게 전하고 싶은 다양한 메시지가 숨어 있어요.

2024년 전시 추진을 위한 프랑스 출장

2024년 전시 추진을 위한 프랑스 투르시청 방문

학술연구를 통해 전시에 담을 메시지를 만들어요

전시의 방향에 맞게 먼저 자료를 수집하고 연구해요. 혼자서 연구하는 부분도 있고 학예연구사들이 모여서 함께 학습하기도 하죠. 학예연구사는 기본적인 지식은 어느 정도 갖추고 있지만 모든 매체와 작가를 다 알 수는 없어요. 매체만 해도 평면 회화가 있고 조각, 공예, 판화, 사진, 디자인 등 다양해요. 개인마다 전공은 좁은 분야에 한정되어 있기 때문에 전시 기획 단계에서 구체적인 것들을 연구하는 시간이 필요해요.

어떤 콘셉트로 전시할 것인지 정하고 기획에 맞춰 작가를 섭외하거나, 반대로 작가를 선정하고 그 작가와 연관 있는 다른 작가들을 같이 섭외하기도 해요. 이 과정은 전시를 통해 관람객에게 전달될 메시지를 구체적으로 다듬는 과정이기도 해요. 작가 섭외가 끝나면 작품을 선정하는 과정으로 넘어가요. 새로운 작품을 제작할지 기존에 다른 공간에서 보여줬던 것을 다시 전시할지 등을 정해요. 같은 작품이라도 기획 의도에 따라 다른 시각으로 전시될 수 있거든요.

전시의 핵심은 작가와 작품!

작가를 선정하면 작가에게 연락해서 전시에 참여할지 의사를 물어요. 활발한 활동을 하는 작가라면 본인과 연락해서 결정하면 간단하게 끝나는데, 작고한 작가는 경우에 따라 절차가 조금 달라요. 유족이 작품을 소유하고 있으면 유족에게 연락하고, 작품이 다른 곳에 있으면 작품을 소장한 개인이나 기관에 연락해서 작품을 대여할 수 있는지 알아봐요. 꼭 작품일 때도 있지만 때로는 작가의 아카이브가 되는 자료일 수도 있어요. 그러면 대여 요청을 하는 거죠. 기관마다 대여 조건 등이 달라 사전에 체크해 대여 신청 시기를 놓치지 않는 것이 중요해요.

작가의 전시 참여 의사를 확인하면 작가와 미팅해요. 개인전일 때는 한 명과 하겠지만 단체전이 되면 여러 명과 미팅해서 전시 기획에 맞는 작품을 선정하죠. 이때 전시할 공간의 규모에 맞게 작품의 구성과 개수도 정해야 해요. 작품이 지나치게 많으면 공간에 다 들어올 수 없고, 너무 적으면 또 빈약해 보이니까 적절한 배분이 필요하죠. 전시 공간은 하얇고 커다란 네모 상자 같아요. 네모나지만 공간을 어떻게 나누고 구성하느냐가 중요해요. 이때는 관람객의 입장이 되어야 해요. 관람 동선을 상상하면서 관람객이 처음 전시장에 들어왔을 때 무엇을 보여줄지, 마무리는 어떻게 되었으면 좋겠는지를 먼저 생각하는 거예요. 이렇게 전시 관람 동선을 만들면서 관람객에게 어떻게 메시지가 전달될지 상상해 보는 거죠.

전시를 구성할 때는 상황에 따라 이미 있는 작품으로 할 때도 있고, 새로 창작을 의뢰하기도 해요. 작가들은 하나의 주제나 대상을 집중적으로 추구하는 경향이 있어요. 마치 제품을 생산하는 기업이 해마다 디자인을 달리하는 것처럼 작가가 관람객에게 전하고자 하는 본질과 의도는 같은데 조금씩 변형을 하는 거예요. 예를 들어 환경에 관심 있는 작가는 환경에 관한 것만 계속 다른 형태로 작품을 제작하고, 영상으로 만들기도 하고, 또 페인팅으로 만들 수도 있어요. 그래서 기획 의도에 맞는 작가들을 선택하게 되는데, 기존의 작품이 정말 딱 마음에 들면 그 작품을 전시하고, 작가가 전시 의도에 맞는 작품을 제작할 수 있겠다는 생각이 들면 신작을 의뢰하기도 해요. 이런 과정은 내부 회의를 거쳐 의견 수렴을 하거나 학예연구사가 직접 결정할 수 있어요.

2022년 전시 개막식에서 에르빈 부름과 함께

2016년 기획전 전시 설명

안전한 전시를 위해 보험을 들어요

　작품 목록이 확정되면 작품의 가격을 산출해요. 유명한 작가의 작품은 미술시장에서 이미 형성된 가격을 따르면 되는데, 신진 작가라면 작가에게 전시를 위한 작품 가격을 제안받기도 해요. 전시를 위해 작품을 창작할 때는 작가와 작품 제작을 기획하는 단계에서 논의하고 작품가를 결정하죠. 작품 가격을 매기는 이유는 판매하기 위해서가 아니라 보험을 들기 위해서예요. 자동차 보험을 들려고 하면 차량의 가격은 얼마인지, 몇 년식인지, 또 사고 이력은 있는지 등을 알아야 하잖아요. 그와 마찬가지로 미술품도 작품 가격에 따라 보험의 액수가 달라져요.

　전시회를 준비할 때 작품 보험을 드는 것은 필수예요. 작품이 원래 있던 자리에서 이동하는 순간부터 전시장에 머물다 포장되어 다시 원래 있던 자리로 돌아가기까지 일어날 수 있는 모든 경우의 수에 대비한 거예요. 작품이 이동하거나 전시되는 동안 훼손되거나 분실하는 등 어떤 문제가 생길 수 있기 때문이죠. 보험사를 선정할 때는 보통 작가나 작품 소유자가 선호하는 보험사와 계약을 해요. 예를 들어 프랑스 작가가 프랑스나 영국 보험사를 선호한다면 그쪽 보험사와 계약하죠. 국내 작가인데도 외국 보험사와 계약하기를 원하면 그렇게 해요.

공간을 구성하고 메시지를 실현하는 전시 설치

작품 선정이 끝나고 어느 정도 계획이 나오면 작가와 미팅하면서 어느 위치에 어떤 작품을 배치할지 결정해요. 이때 최종 작품의 목록을 정하는데, 작품의 개수만이 아니라 작품의 크기도 체크해요. 그래야 다음 단계로 넘어갈 수 있어요.

전시 구성을 위해서는 공간 디자이너와 협력해요. 화이트 큐브(하얗고 네모난 공간)에 작품을 전시하기 위해서는 가벽을 세워야 하는데요. 공사를 하기 전에 전시 공간을 어떻게 구성할지 3D로 구체적인 설계를 먼저 해요. 공간을 어떻게 나눠서 얼마의 길이로 가벽을 세울지, 어떤 작품을 어느 지점에 설치할지 등 구체적으로 설계하고 작업한 후, 계속 수정하는 과정이 이어져요. 공간을 나누는 작업이 끝나면 가벽에 작품을 실제 크기 비율로 배치하고 옆 작품과의 간격도 맞춰봐요. 작품을 설치했을 때 관람 동선에 엉킴이 없는지 등도 점검하고요.

이 시기에는 전시장에 하루 종일 머물며 작품과 공간을 계속 돌아보고 확인해요. 작품의 운송과 설치는 전문 설치 업체에서 주로 담당하고 저는 그 옆에서 감독해요. 작품을 옮기거나 설치하는 과정에서 여러 사고가 일어날 수 있기 때문에 긴장한 상태로 이 시기를 보내죠. 가끔 설치가 다 끝나고 소소하게 바꾸고 변경하고 싶은 부분이 생기면 제가 직접 수정하기도 해요. 전시장 안에 설치하는 가벽이 높은 편이라 맨바닥에서는 못하고 사다리를 타고 올라가야 해요. 위에서 전체적으로 보며 공간 배치도 확인하고, 어느 지점에 뭔가 필요한 게 있으면 높은 데 있어도 갖다 놓아야 하고, 뭔가 눈에 거슬리는 게 있으면 직접 눈으로 확인해야 해요. 그래서 학예연구사들은 여자라도 웬만한 남자보다 사다리도 잘 타고 설비도 잘해요.

전시 관련한 글도 직접 써요

현대미술은 대중이 이해하기 어려운 예술로 알려져 있어요. 작품 해설도 어렵고요. 요즘 미술관에서는 대중과의 소통을 중요하게 생각해서 예전보다 관람객이 이해하기 쉽게 풀어서 설명하려고 해요. 그러다 보니 설명이 길어지기도 하는데요. 이건 저희가 관람객과 소통하기 위해 노력하고 있다는 뜻으로 생각해 주시면 좋겠어요.

전시회를 하기 위해서는 배너, 초청장, 도록, 리플릿 등을 제작해야 해요. 전시의 특성이나 작가의 독특함이 드러날 수 있게 하는 게 중요하고, 그래픽 디자이너가 제안한 여러 개의 시안을 검토해서 선택하죠. 이것도 여러 번의 논의와 수정 과정을 거쳐야 완성되기 때문에 공간 디자인을 하는 시기에 함께 진행해요. 특히 전시 도록은 책을 한 권 만드는 것과 같아요. 표지 디자인을 확정해서 만들어야 하고 전체 내용도 구성해야 하는 일이죠. 이처럼 여러 분야의 사람들과 지속적으로 논의하고 보완해 가며 다양한 업무를 동시에 해야 하죠.

관람객을 위한 연계 교육 프로그램의 개발과 진행

　미술관은 관람객과 소통하는 프로그램을 만들어 교육의 역할도 하고 있어요. 전시회를 통해 대중과 소통하는 방식으로 자연스럽게 교육하는 거죠. 큐레이터도 연계 교육 프로그램을 만들어 진행하지만, 전문적으로 미술교육을 담당하는 에듀케이터라는 교육 학예연구사가 따로 있어요. 에듀케이터는 교육을 전공한 분들로 생애 주기에 따른 교육 방법을 잘 알고 있어요. 그래서 저희가 전시 기획 및 의도를 그분들께 제공하면 그것을 바탕으로 전문적인 교육을 기획하죠. 교육 학예연구사는 전시 연계 교육뿐만 아니라 자체 프로그램도 기획해요.

　전시의 특성에 따라 교육 프로그램도 다른데요. 원데이 클래스처럼 하루만 열리는 행사도 있고 어린이들에게 좀 어려운 전시 같으면 어린이를 위한 프로그램도 많이 만들어요. 일반 성인을 위한 교육 프로그램도 다양하게 있고요. 여기에 그치지 않고 농인(청각장애인)을 위한 프로그램도 만들고 시각장애인을 위해 점자로 전시된 작품을 안내하기도 해요.

그래서 저희도 교육 학예연구사 선생님들과 얘기를 많이 나누면서 프로그램도 함께 진행하고 있어요.

2022년 국립대만미술관 전시 연계 강연

전시에서 관람객과 만나요

　전시를 개막한 초기에는 보완하고 바로잡는 일을 해요. 의자를 배치했는데 불편할 수 있겠다거나, 관람객의 동선을 가리키는 방향 유도선이 더 있었으면 좋겠다거나, 너무 어두워서 작품 감상이 어렵다거나, 빛을 조정했는데 그 빛이 관람객의 시선을 불편하게 한다든가 하는 것들을 조정하는 시간을 가져요. 그 시기는 2주 정도 돼요.

　동시에 전시와 관련한 프로그램을 진행해요. 강연이나 세미나 같은 교육 프로그램이죠. 전시가 시작되면 미술관 홈페이지에 대중이 참여할 수 있는 교육 프로그램이 소개되고, 여기서 참여 신청을 받아 대부분 무료로 운영해요. 예를 들어 추상미술 전시를 한다면 그와 관련해서 한국의 추상미술, 추상미술의 역사, 추상미술 작가 등에 대한 강의를 기획하는 거예요. 강사는 대학교수나, 다른 기관의 큐레이터, 아트디렉터나 관장님들일 수도 있어요. 이렇게 전시 기간 동안 큐레이터는 강의도 하고 토론하는 세미나도 하면서 관람객과 만나는 시간을 가져요.

2024년 전시 설명

2022년 국립대만미술관 전시개막식에서 전시 설명

2024년 전시 설명

2024년 전시 설명

CHAPTER. 03

미술관 큐레이터가 되려면

3장에서는?

앞에서 미술관 큐레이터가 전시회를 열기까지 매우 다양한 일을 한다는 것을 알게 되었어요. 그렇다면 실제로 일을 잘하려면 어떤 소양이 필요하고, 어떤 능력을 키워야 하는지, 어느 분야를 전공으로 선택해야 하고, 필요한 자격증은 무엇인지 구체적으로 알아보아요.

미술적인 감각이 필요해요

미술에 관심이 있고, 미적 감각이 있어야 하는 일이에요. 감각은 타고 나기도 하지만, 발달시킬 수도 있어요. 미술적인 감각을 키우는 방법은 멀리 있는 건 아닌 것 같아요. 주변 사물을 조금 다양한 시각으로 보는 것도 한 방법이에요. 그냥 보는 게 아니라 조금 더 자세히 들여다보는 거예요. 예를 들어 우리가 먹는 과자만 해도 포장이 다 달라요. 포장도 디자인이니까 '왜 이런 포장을 했지?' 하고 관심을 가지면 포장이 변해온 역사도 관심이 생겨요. 사실 포장이 변하는 과정을 추적하면 그게 브랜드의 역사가 될 수도 있어요. 또 어떤 사물에 대한 구조에 관심을 가지는 것도 좋아요. 색깔과 디자인도 유심히 보고, 가구 배치도 보고요. 멀리 가서 미술 공부를 특별히 할 게 아니라 내 옆에 사물과 대상을 다양한 관점에서 섬세하게 보는 게 중요한 것 같아요.

미술관에 자주 가서 전시회를 보는 것도 좋은 방법이에요. 저도 어렸을 때 전시를 자주 보러 다녔어요. 특히 인사동을 많이 갔었는데 기억이 많이 나오. 지금 인사동은 예전보다는 더 관광객이 찾는 상업적인 공간으로 변했지만 그래도 여전히 가 볼 만한 미술 공간이 많아요. 요즘엔 직접 가지 않아도 인터넷에 자료가 워낙 많으니까 관심 있는 전시회나 작가의 자료를 찾아서 보고, 좋아하는 작가의 도록이나 작품집도 관심을 가지고 보면 좋겠지요.

미술관에는 전시와 관련한 다양한 프로그램이 있어요. 전시만 관람할 게 아니라 도슨트의 해설을 듣고, 또 주최 측에서 마련한 다른 프로그램에 참여해 보세요. 요즘엔 도슨트로 활동하는 어린 친구들도 많은데요, 직접 참여해 활동해 보는 것도 추천해요. 도슨트 활동은 전시를 기획하는 사람의 생각을 읽을 좋은 기회인 것 같아요.

호기심과 꼼꼼함, 끈기가 있으면 좋아요

　새로운 것에 대한 호기심이 많고 재미를 느끼는 게 중요한 것 같아요. 전시하는 공간은 하얀 입방체 공간으로 외부 세계와 단절되어 오직 작품에만 주목하게 만드는데, 큐레이터는 티 없는 하얀색 공간 안에 전시를 넣는 거예요. 전시 작품에 따라 공간을 변형시키고 분위기도 다르게 연출하는데, '저걸 다른 것으로 바꿔보면 어떨까? 공간을 나누는 방식을 달리해 보면 어떨까?' 이렇게 아이디어를 떠올려 보는 거죠. 네모난 공간은 이미 정해져 있지만 그 안에서 변화를 꾀하는 게 재미있어야 해요.

　차분하고 꼼꼼한 성격이 좋겠어요. 전시회를 열려면 챙겨야 할 일이 정말 많아요. 어느 하나에 문제가 생기면 다음 업무에 차질이 생기죠. 그러니까 꼼꼼하게 할 일을 정리하고 점검해 나가면서 해야 해요. 당연히 차분해야 꼼꼼할 수 있고요. 끈기와 체력도 필요해요. 일을 하다 보면 안 될 것 같은 일도 되도록 해야 할 때가 있어요. 그때 필요한 건 '포기하지 않고 하기!'라는 끈기예요.

소통을 어려워하지 않아야 해요

큐레이터는 정말 다양한 사람들을 만나요. 작가뿐만 아니라 공무원, 의회 의원도 만나고, 운송업체 직원, 공간 작업자, 교육 전문가, 기자, 관람객 등등 일하는 분야도 다르고 연령대도 다른 사람들을 수없이 만나게 되는데요. 항상 만나게 되는 사람도 있지만 새롭게 만나는 사람들도 많아요. 저 같은 경우 전시회 하나를 하는데 최소 20명 정도의 새로운 사람을 만나더라고요. 처음 만난 사람들과 일을 진행하려면 소통하는 게 정말 중요해요. 낯선 사람과 만나 대화하는 게 어렵고 두렵다면 이 일이 쉽지 않을 거예요. 이 일을 하고 싶다면 사람들과 만나는 것을 어려워하지 않도록 용기를 내서 자신을 변화시켜 보는 게 좋겠어요.

2021년 전시 인터뷰

외국어를 잘하면 도움이 돼요

국내 전시만 기획하고 추진할 수 있다면 굳이 외국어를 잘할 필요는 없어요. 그런데 기관에서 일을 하다 보면 본인이 원하지 않아도 해외 기관이나 작가와 일하는 경우가 생겨요. 해외에서 국내 작품을 대여해 달라는 요청이 들어올 수도 있고, 국제전을 열면 국제 교류를 해야 하거든요. 어쩔 수 없이 영어로 소통해야 하죠. 그건 다른 사람이 대신해 줄 수 없는 일이라 어떻게든 해야 해요.

영어 외에 다른 언어도 하면 좋은데, 저는 프랑스어와 중국어를 권해요. 프랑스가 서양 미술의 중심이기 때문에 작가도 많고 서적도 많아요. 미술 책들이 영어로도 번역되어 있지만 프랑스어를 배워 제대로 느껴보

2022년 국립대만미술관 전시 기자간담회

는 것도 좋겠죠. 중국어를 권하는 이유는 앞으로 중국이 현대미술 분야에서 주목받는 나라가 될 것이기 때문이에요. 중국은 전시의 스케일도 크고 실험적인 방식도 연출해 깜짝 놀랄만한 전시를 많이 열어요. 중국이 현대 미술 분야에서 두각을 나타내고 있기 때문에 중국어를 잘하면 도움이 될 거예요.

2022년 국립대만미술관에서 개막식

미술 전공은 필수

　미술관 학예연구사가 되고 싶다면 대학에 진학해야 해요. 회화나 공예, 조각, 판화와 같은 전공을 해도 좋고, 미술사, 미술교육, 미술관학, 미술 경영학, 예술학, 예술 경영학, 미술학, 미학, 미술이론 등 미술 분야 관련학과라면 다 괜찮아요.

　대학에서 미술 분야가 아닌 다른 분야를 전공했다고 큐레이터가 될 수 없는 건 아니에요. 대신 대학원에 진학해 미술 분야를 전공해야죠. 실제로 학예연구사 중에는 외국어를 전공한 사람도 많은데요. 프랑스어를 전공하면서 예술에 대한 것을 많이 배우고 관심이 생겨서 대학원에서 미학이나 미술 이론과 같은 미술 분야를 전공한 경우죠. 그러니까 대학이든 대학원이든 어디에서라도 미술 관련한 공부는 해야 이 일을 할 수 있어요. 전문 분야이기 때문에 전공과 관련 없는 사람이 진입하기는 매우 어렵다고 봐야죠.

학예연구사 중에는 유학을 다녀온 사람들이 꽤 있는데 필수는 아니에요. 국내에도 미술대학이 많고 그 안에서 배운 것으로도 학예연구사가 될 수 있으니까요. 유학은 개인의 선택인 것 같아요. 유학하러 간다면 대학보다는 대학원을 가는 편이에요. 외국에서 공부하고 싶거나, 아니면 꼭 배우고 싶은 교수님이 외국에 있다면 가는 것도 좋아요. 미술 분야의 유학은 대부분 미국이나 영국, 독일, 이탈리아 쪽으로 많이 가고, 요즘엔 중국으로 가는 사람도 늘어나고 있어요.

학예사 자격증을 취득해요

　학예연구사가 취득할 수 있는 자격증은 준학예사와 정학예사 3급/ 2급/ 1급이 있어요. 학력과 경력에 따라 순차적으로 취득할 수 있어요. 처음 취득하는 자격증은 준학예사로 필기시험에 합격한 후 일정 기간 동안 실무 경력을 쌓아야 해요. 대학 졸업자는 1년 이상, 3년제 대학 졸업자는 2년 이상, 2년제 전문대 졸업자는 3년 이상, 고등학교 졸업자는 5년 이상의 실무 경력이 필요하죠. 다음이 3급 정학예사로 준학예사 자격을 취득한 뒤 재직경력이 4년 이상인 사람, 석사학위가 있는 사람으로 실무경력이 2년 이상이거나, 박사학위가 있는 사람으로 실무경력이 1년 이상이면 취득할 수 있어요. 석사학위와 박사학위를 취득했다면 준학예사 자격증 없이 3급 정학예사 자격증을 취득할 수 있어요. 2급 정학예사는 3급 정학예사 자격을 취득한 뒤 재직경력이 5년 이상이어야 하고, 1급 정학예사는 2급 정학예사 자격을 취득한 뒤 재직경력이 7년 이상인 사람이 취득할 수 있어요. 이때 경력을 쌓는 기관은 반드시 박물관·미술관 학예사운영위원회가 인정한 경력인정대상기관이어야 해요.

준비되었다면 공개채용에 도전해요

큐레이터는 공개채용 방식으로 뽑아요. 미술관마다 필요한 분야가 다르고, 미술관이 국립인가, 도립인가, 시립인가, 사립인가에 따라서도 원하는 직무가 다 달라요. 그러니 본인이 준비한 분야에 맞는 미술관을 선택해야죠. 공개채용은 보통 1차 서류전형과 2차 면접으로 진행해요.

1차 서류전형은 응시 자격요건에 충족되는 사람 중 선발 예정인원의 3배수 내지는 4배수를 뽑고 2차 면접에서 합격자를 가려요. 면접을 보는 방식은 기관마다 달라요. 미리 직무수행계획서를 제출해서 그 내용을 물어보는 경우도 있고, 석사학위자가 졸업논문 요약본을 제출했을 때는 논문에 대해서 질문을 할 수 있어요. 또 면접전형 당일에 필기시험을 보는 곳도 있어요. 직무능력 평가를 위한 논술형 문제를 내고 답안을 작성하면 그 내용으로 면접을 보는 거죠.

직무수행계획서는 전시 기획서와 비슷해요. 전시의 주제와 기획 의도,

또 어떻게 전시를 준비할 것인가 등 지원한 미술관에서 열고 싶은 전시회를 기획한다고 상상하고 쓰는 거지요. 저는 국제 교류가 가능한 전시 기획 역량을 갖춘 학예연구사를 찾는다는 채용공고를 보고 지원했는데요. '외국의 어떤 기관과 협력하여 이런 전시회를 열고 싶다'라는 기획안을 썼어요. 그 내용을 바탕으로 다섯 분의 면접관이 질문을 했죠. 그중에 한 분은 영어로 질문하셨고, 저도 영어로 대답했어요. 다른 예로 지역 미술과 관련한 직무라면 지역 미술사를 연구하는 분이 면접관으로 와서 지원자의 논문이 지역 미술과 관련한 것인지 등을 평가하고 질문해요. 따라서 본인이 지원한 기관의 특성이나 방향성을 이해하고 면접 준비를 하는 것이 매우 중요하죠.

국공립미술관은 3급 학예연구사 자격증이 필수인 곳도 있고 우대사항으로 들어있는 곳도 있어요. 자격증이 없다고 다 불리한 건 아니에요. 경력이나 논문을 통해 본인의 장점을 드러낼 수 있는 거니까요. 반면에 사립미술관은 3급 학예연구사 자격증을 필수로 제시하는 곳이 많아요. 정학예사 자격증이 없더라도 지원서를 낼 수는 있지만 자격 요건을 갖추었다면 자격증을 취득하는 게 좋겠어요.

CHAPTER. 04

미술관 큐레이터의 매력

4장에서는?

아무것도 없는 네모난 입방체 공간을 예술품으로 채워 관람객에게 감동을 선물하는 멋진 직업, 미술관 큐레이터! 이건 관람객이 생각하는 이 직업의 매력일 텐데, 과연 사실일까요? 현재 활발하게 전시를 기획하고 준비하는 큐레이터의 솔직한 생각을 들어보아요.

새로운 시도를 하고 창의성을 발휘하는 매력

　미술관에서는 같은 전시회나 전에 했던 전시와 비슷한 전시를 열지 않아요. 다른 주제로 다른 작가를 만나고 공간도 다르게 연출하니까 같은 일을 하는 데서 오는 지루함이 없어요. 새로운 시도를 하고 창의성을 발휘하는 거죠. 이런 게 매력적이에요. 또 전시마다 집중해야 하는 부분이 다 달라요. 예를 들어 미디어 전시라면 영상 장비나 전기 시스템 같은 것들이 아주 중요해요. 여러 장비에서 영상을 계속 틀어야 하니까 그 와트 수를 견뎌야 하는 장비가 필요하거든요. 그러면 전문가들하고 계속 고민하고 소통하는 거예요. 미디어 장비를 설치하려고 할 때, 이것과 저것을 연결했을 때 충분한 출력이 나올 건지 등을 고민하고 계산하는 거죠. 이건 다른 전시에서는 중요하지 않은 부분이지만 영상 전시에서는 엄청나게 중요해요. 전선을 어떻게 배치할 건지 등 설비 문제도 함께 고민하죠. 이런 일이 쉬운 것만은 아니라서 때로는 스트레스를 받기도 하는데, 그래도 새롭게 시도해 볼 수 있는 일이 많다는 게 좋은 점이죠.

전시회가 성공했을 때 느끼는 성취감

　2021년 어윈 올라프의 전시가 어려움도 많았지만, 보람도 컸던 전시로 가장 기억에 남아요. 당시는 코로나19 시기여서 전시를 준비하고 개막하는 데 어려움이 많았고, 전시 마무리 단계까지도 기존에 겪어보지 못한 여러 일이 있었어요. 그런데 이 전시를 2022년에 대만에서 똑같이 하게 되었어요. 외국에서 국내 전시 콘텐츠를 그대로 전시하고 싶어한다는 건 그만한 가치가 있다는 걸 반영하는 거예요. 만약 사립미술관이었다면 콘텐츠 비용을 받았을 거예요. 콘텐츠를 판매하는 기획사도 있고요. 하지만 국공립미술관은 그런 상업행위를 하지 않아요. 그래서 내부 회의를 거쳐 도움을 주기로 결정했어요. 국공립미술관끼리는 국경을 초월해서 도움을 주고받는 일이 많아요. 이번에 저희가 도와주면 다른 일로 도움을 받을 수 있는 거죠.

　대만에서 열린 전시회는 대만 분위기에 맞게 색깔을 조정하고 포스터 디자인만 조금 바꾸는 정도로 약간 달랐을 뿐 전시 타이틀이나 각종 인

쇄물 등은 모두 같았어요. 국립대만미술관에서 저를 전시 기획자로 초청했고 개막식에서 기자간담회를 열기로 해서 대만에 가야 했어요. 당시 아시아에 코로나19가 극심한 때여서 한국이고 대만이고 입출국 절차가 매우 까다로웠어요. 입국한 나라에서 일정 기간 격리하고 한국에 들어오면 또 격리해야 했죠. 하지만 제 전시가 대만에서 열리기 때문에 가서 도와줘야 하는 책임감으로 양쪽에서 격리 생활하는 걸 감안하고 대만으로 갔어요. 저는 이제 대만에서 작가를 직접 만날 수 있겠구나 싶어서 기대했었어요. 작가와는 전시 준비를 할 때 페이스타임으로 연락하면서 화면으로 전시 준비 상황을 보여드리고 같이 대화하면서 맞춰나갔는데, 코로나19로 한국에 오지는 못하셨죠. 그래서 대만에서는 만날 수 있지 않을까 기대했는데, 건강이 좋지 않았던 어윈 올라프는 대만에도 오지 못했어요. 그리고 다음 해인 2023년에 돌아가셨어요. 한국 전시회와 대만 전시회가 굉장히 성공해서 작가는 그걸 직접 못 본 것을 너무 아쉬워했지요. 그래서 더 기억에 많이 남아요.

2022년 국립대만미술관 전시 전경

주도적으로 전시를 기획하는 장점

학예연구사는 본인이 추진하는 전시에 대한 결정권이 있어요. 상급자가 지시한 것을 그대로 따르는 게 아니라 자신이 맡은 전시를 주도적으로 추진할 수 있는 거예요. 물론 팀장님, 과장님, 관장님의 승인을 받아야 하는 일도 있지만 일을 추진할 때 학예연구사가 직접 결정할 수 있는 자율권을 줘요. 전시 제목부터 작품 선정, 전시 방법 등 주요 사안도 담당 학예연구사가 주도적으로 결정하고 추진해요. 이런 측면에서 보면 일을 통해 자아 성취감을 크게 느낄 수 있는 직업이죠. 반면에 책임의 무게도 무거워요. 일이 잘못되면 내 책임이라는 생각이 크기 때문에 거기에서 오는 스트레스도 있어요.

학예연구사에게 전시는 곧 자신이 만든 작품이에요. 이 작품으로 평가를 받는 거니까 멋지게 만들고 싶은 욕심이 있고, 그에 따라 차근차근 준비하며 결과물에 대한 기대감이 있어요.

5장에서는?

무슨 일이든 그 직업만의 어려움이 있어요. 미술관 큐레이터는 어떤 어려움이 있고, 힘들고 지칠 때 어떻게 극복하는지, 선배 큐레이터의 솔직한 경험과 생각을 들어보아요.

관람객으로 전시를 보지 못하는 아쉬움이 있어요

　이 일을 하면서부터는 관람객의 관점에서 전시를 감상하는 게 어려워요. 다른 미술관에서 열리는 전시회나 해외 전시회도 자주 보러 가는데, 전시를 관람객의 입장에서 보는 게 아니라 만드는 사람의 눈으로 보는 거예요. 전시장에 처음 들어가자마자 '아, 공간을 왜 이렇게 나눴지? 편하지 않네' 하면서 전시 공간을 살펴 보고, '이건 어떻게 설치했지?' 하면서 설치물의 구조나 연결장치 등을 유심히 보거나, 나무를 사용한 전시에서는 '자작나무를 사용했구나'라며 재질이 뭔지 찾아내요. 또 작품이 걸려있는 걸 보고는 수평이 안 맞았다는 걸 금방 알아채고, 색감의 차이도 눈에 띄죠. 전시장은 전시가 설치되기 전에는 하얀색이지만 전시의 목적과 특성에 따라 벽면 전체를 다른 색으로 색칠하기도 해요. 그런데 색감이 좀 다르게 칠해진 것들이 있어요. 살짝 달라서 관람객은 대부분 눈치채지 못하겠지만 저는 그런 것들이 눈에 들어오는 거죠. 그뿐이 아니라 도록을 받아서 읽다가 저도 모르게 오탈자를 고르고 있기도 해요. 그러니까 전시를 보는 게 아니라 전시를 복기하는 마음인 것 같아요. 제가 만든 전시도 아닌데 말이에요.

문제 없이 준비하는 전시는 없어요

저도 이 일을 10여 년 하면서 놀란 게 있어요. 전시 준비 중에 정말 예상하지 못한 사건들이 일어난다는 거예요. 설마 이런 일이 일어날까, 하는 일도 실제로 일어나요. 전시 개막식에 오기로 했던 작가가 사고가 나서 참석하지 못한 적도 있어요. 또 전시 준비가 차질 없이 진행되고 있는데 작가가 교통사고가 나서 병원에 입원한 때도 있었죠. 작품을 설치할 때는 작가가 직접 와서 봐야 하거든요. 이럴 때는 빨리 작가의 자리를 대신할 사람을 찾아서 설치 매뉴얼을 바탕으로 설치해야 하죠.

전시장에 작품 설치 준비를 마치고 작품을 받았더니 작품이 작가가 알려준 크기와 다를 때도 있어요. 작품의 사이즈가 100cm라고 해서 그것에 맞게 액자 등 구조물을 만들어놓았는데 실제로는 120cm였어요. 그럼 그 자리에서 공간 공사 담당자에게 연락해 20cm를 확장하거나 보완할 수 있는 방법을 찾아야 해요. 그런데 여기서 끝이 아니에요. 액자 하나가 20cm 커졌다고 무슨 문제가 있을까 싶지만, 이 하나로 인해 연쇄적으로 문제가 생겨요. 액자 크기가 확장되면 그 옆에 작품 설명 시트를 붙이기 위해 이미 재단해 놓은 것을 변경하거나 붙이는 것을 미뤄야 해요. 이렇게 공간이 하나 무너지면 그와 연관된 공간이 연쇄적으로 영향을 받아 문제가 파생되는 거죠. 큐레이터는 그걸 차례대로 빨리 해결해야 하고요. 이렇게 챙겨야 할 것이 많고 여러 가지 일을 동시에 해야 할 때가 있어서 꼼꼼함과 멀티태스킹이 필요해요.

특히 코로나19 때 생각지도 못한 일들이 발생하면서 많은 것이 바뀌었어요. 작품을 실은 항공기의 운항이 멈추는가 하면, 작가에게 지급해야 할 아티스트 비용과 운송비를 결제할 시점에 환율이 급등해서 계약할 때보다 비용이 훨씬 더 증가해 당황한 적도 있었어요. 이렇게 크고 작은 사건 사고 없이 순조롭게 준비한 전시는 거의 없었던 것 같아요. 그러니 어떤 사고가 발생해도 해결하고야 만다는 마음가짐이 필요하지요.

누가 대신 할 수 없는 일이라 책임감이 커요

전시는 오직 기획한 사람만이 준비할 수 있어요. 전시 준비를 하면 "이건 어떻게 해야 할까요?", "이것 좀 빨리 준비해 줄 수는 없나요?" 등등 제 의견을 정말 많이 물어봐요. 기획한 사람만이 알 수 있는 게 워낙 많으니까 이미 선택하고 결정했더라도 실행 단계에서 세세한 것들까지 결정하는 건 저의 몫이거든요. 물론 전시 준비 과정은 모두 기록으로 남기죠. 그런데 기록에는 아주 세세한 것까지 남기지는 않아요. 전시도 하나의 작품과 같아요. 머릿속에서 생각한 대로 밑그림을 그려봤더니 뭔가 마음에 들지 않아요. 그럼 다르게 그려보고 또 채색하는 과정에서 변화를 줄 수도 있어요. 그런 것처럼 전시 기획도 여러 가지를 시도하는 과정이 있어요. 이런 시도와 변화의 과정을 기록으로 모두 남기는 것도 어렵고 매우 주관적인 것들이 많아 생각한 것들이 담당자 없이는 그대로 전달되기 어렵죠. 그래서 학예연구사가 전시 준비를 하다가 아프다거나 무슨 일이 생겨서 중단하는 일이 생기면 다른 사람이 곧바로 이어서 준비하기가 쉽지 않아요. 거의 대체 불가한 일인 거죠.

혼자만의 시간을 보내는 것으로 스트레스를 해소해요

　대학 다닐 때는 지하철을 타고 그냥 종점까지 갔다가 돌아오곤 했어요. 특히 4호선은 바깥이 보이는 구간이 많고 여름엔 시원하고 겨울엔 따뜻하고 쾌적하잖아요. 출퇴근 시간을 피해서 사람이 많지 않을 때 타서 그냥 바깥 풍경 보면서 끝까지 가는 거예요. 생각할 게 많으면 오히려 백색소음이 있는 게 더 집중에 도움이 되기도 하듯이 지하철 안에서 나는 소리를 듣고 타고 내리는 사람들도 보고 또 바깥 풍경도 무심히 보면서 혼자 생각하는 시간을 가졌어요. 한 시간 반, 두 시간 이렇게 다녀오면 생각도 정리되고 스트레스도 풀리는 느낌이 들었죠. 요즘엔 바깥 풍경이 보이는 카페 같은 공간에 앉아서 아무것도 안 하고 가만히 앉아 있어요. 멍하게 있기도 하고 생각이 나면 나는 대로 생각을 따라가다가 또 심심하면 사람들이 움직이는 것도 보고 옷차림도 구경하죠. 저는 스트레스가 심하면 이렇게 무신경 상태를 만드는 것 같아요. 복잡한 생각을 덜어내고 아무것도 생각하지 않거나 아주 가벼운 느낌으로 약간 머리를 정지시켜 놓는다고 할까요. 그러고 나면 좀 괜찮아져요.

스트레스를 푸는 방법은 사람마다 다 다른 것 같아요. 맛집에 가서 맛있는 것을 먹으면 행복하다는 사람도 있어요. 저는 혼자 여행 가는 것을 좋아해요. 사람들이 제가 국제전 준비나 외국에 있는 전시회를 보기 위해 외국에 다녀오는 일이 많으니까 여행 많이 다녀서 좋겠다고 부러워하기도 하는데 그건 여행이 아니라 일이죠. 저에게 여행은 무엇을 해야겠다는 계획이 없는 여행이에요. 유명한 관광지가 아닌 곳에 가서 그냥 눈이 뜨는 시간에 일어나 동네 나가서 걸어 다녀요. 다니다가 호기심이 생기면 여기저기 들어가 보고, 또 신기한 게 있으면 구경하고, 너무 좋아서 또 보고 싶으면 다음 날 또 가보고요. 또 호텔 수영장보다는 바다에서 수영하고 스노클링하는 것을 좋아해요. 외국의 해변에는 중간중간에 간단히 씻을 수 있는 수도 시설이 있어요. 금방 마르는 가벼운 옷차림으로 수영하고 나와서 간단히 물 뿌려서 바닷물 좀 씻어내고 그냥 걸어 다니다 보면 옷이 다 말라 있어요. 그러면 또 수영하고 대충 씻고 걸어 다니죠. 스트레스가 해소되는 건 업무에서 한 발짝 떨어져 다른 활동을 할 때 같아요.

뉴질랜드 남섬에서

6장에서는?

어린 시절부터 그림을 잘 그렸던 아이는 화가가 되기를 꿈꾸었어요. 그런데 어떤 계기로 화가가 아니라 작가들을 사람들에게 알리고 작가들이 성장할 수 있게 도와주는 직업을 가지기로 결심했어요. 왜 진로의 방향을 바꾸었는지, 미술관 큐레이터가 되기 위해 어떤 노력을 했는지 그 이야기를 들어보아요.

 ## 활발하고 적극적인 아이, 현진이

어린 시절엔 멀리뛰기, 잡기 놀이 같은 것을 하면서 놀이터에서 엄청나게 뛰놀았어요. 굉장히 활동적이었고 다른 아이들보다 조금이라도 멀리 뛰려고 하다가 팔이 부러진 적도 있었는데, 별로 대수롭지 않게 생각했던 어린이였죠. 방학 숙제로 곤충채집이나 식물채집 하는 게 있었는데, 저는 그것도 굉장히 좋아했어요. 웬만한 곤충은 손으로 다 잡을 수 있을 정도였죠. 식물채집을 할 때는 풀들 사이를 비집고 다니면서 좀 특이한 게 보이면 뽑아서 그게 뭔지 찾아보고 정리해서 식물 노트도 만들었어요.

어린 시절을 떠올리면 꼭 기억나는 게 있어요. 엄마가 제 방 벽에 크고 하얀 종이를 붙여주셨어요. 저는 거기다 크레파스로 그날 발레 학원에서 배웠던 동작도 그리고, 무슨 일이 있었는데 기분이 나빴다고 쓰기도 하고, 구구단을 외워야 하는데 못 외웠던 9단을 써놓기도 했어요. 하루에 있었던 일, 느꼈던 감정, 배웠던 것들을 쓰고 그리는 일기장 같았어요. 그러면 엄마가 다음 날 아침에 다 떼어내고 새 종이를 붙여주셨죠.

공부는 자기주도적으로

초등학교 때 제가 엄마한테 학습지를 두 개 시켜달라고 했어요. 학교 갔다 와서 바로 학습지 하나를 풀면서 그날 학교에서 배운 것을 복습하고 나가 놀았어요. 실컷 놀고 6시쯤에 집에 돌아와서 다른 학습지로 내일 배울 걸 예습했어요. 친구들이 종합학원에 많이 다녔는데 저도 다니고 싶었던 적이 있어요. 엄마가 학원 수업이 저랑 안 맞을 거라고 했는데, 정말 저랑 안 맞더라고요. 성적이 떨어지니까 역시 혼자 계획을 세워 공부하는 게 저한테 맞는 방법이라고 생각했죠.

부모님이 먼저 저에게 뭘 배우라고 권한 적이 없어요. 제가 뭘 배우고 싶다고 말하면 그때 해주셨어요. 피아노를 배우면서 다른 악기도 배우고 싶다고 하면 같이 배우고, 수학이 좀 떨어지는 것 같아 개인 수업을 받고 싶다면 선생님을 찾아주시고, 영어 학원에 다녀야겠다고 하면 그렇게 해주셨어요. 대신 제가 자율적으로 선택하는 거니까 책임도 스스로 져야 한다는 생각을 심어주셨죠.

어릴 적 꿈은 화가!

어릴 때 엄마랑 인사동에 자주 가서 미술 전시회를 많이 봤어요. 거기서 엄마가 앙리 마티스의 화집을 사주셨는데, 저는 그 책이 너무 좋아서 매일 봤어요. 보면서 따라 그리기도 했죠. 그래서 아직도 좋아하는 작가 목록에 앙리 마티스가 있어요.

미술을 배우기 시작한 것은 유치원 다닐 때였어요. 마침, 옆집 언니가 홍익대 미대 출신으로 미술 수업을 하고 있었어요. 그때부터 미술을 배웠는데 너무 재미있었어요. 그래서 초등학교 때부터 고등학교 때까지 미술학원을 다녔어요. 미술 대회가 있으면 뭐든지 가리지 않고 나가서 수상도 많이 했어요. 그때는 외부 대회에서 상을 타오면 매주 월요일 학교 조회에서 수상식을 했어요. 저는 거의 매주 조회대에 올라 상을 받았어요. 중학교 때까지는 미술이 재미있었고 재능이 있다고 생각했어요. 부모님도 그렇게 생각하셨고요.

고등학교 때 화가의 꿈을 접고

고등학교에 입학하고 두세 달 지났을 때, '내가 진짜 미술에 재능이 있는 건가?'하는 생각이 들었어요. 학습된 미술 능력일 수도 있겠다는 생각을 처음 해 봤죠. 6살 때부터 미술을 했으니까 10년 넘게 한 거잖아요. '남들보다 오래 배웠으니 당연히 잘 그리는 게 아닐까, 다른 사람도 이만큼 배우면 다 이만큼은 그리겠지'라는 생각이 들었어요. 그때까지 저는 꿈이 너무나 확고했어요. 흔들림이라곤 단 한 번도 없었고 친구들이 "나는 뭘 할지 모르겠어"라고 말할 때도 저는 "나는 화가가 될 거야!"하고 확실하게 말해서 친구들의 부러움을 사기도 했을 정도였어요.

한 번 흔들리기 시작하자 화가가 될 수 없겠다는 생각이 들었어요. 부모님은 충격을 많이 받으셨지만, 저의 결정을 믿어 주셨어요. 그때 내 꿈이 다른 것일 수도 있다는 생각을 처음 해봤죠. 엄청나게 큰 고민이었고 저한테는 시련이었던 것 같아요. 구체적으로 무엇이 되고 싶다는 게 없었지만, 나중에 무엇을 전공하든 그 분야의 대표가 되겠다고 마음먹었죠.

다시 미술의 세계로

고등학교 1학년 여름방학이 되었을 때 미술 선생님이 저와 엄마를 부르시더니 미술을 계속해 보는 게 좋겠다고 설득하셨어요. 아마 제 마음에도 미술에 대한 미련이 좀 남아있었나 봐요. 그래서 재능이 있는지 확인해 보고 싶은 마음에 미술대회에 다시 나가봤어요. 상을 받으니까 마음이 좀 기울더라고요. 처음엔 절반 정도였는데 1학년 마칠 때쯤에는 좀 더 마음이 기울어서 다시 미술 입시학원에 다니게 되었어요.

그때부터는 정말 바쁘게 살았어요. 그때를 생각하면 걸어 다닌 적이 없고 항상 뛰어다녔던 것 같아요. 경기도에 살면서 서울에 있는 입시학원을 다녔고, 오가는 지하철 안에서 문제집을 풀었어요. 집으로 돌아온 후에는 공부를 더 하고 싶어서 개인 수학 수업을 다녔지요. 새벽 1시에서 2시까지 공부하고 조금 자고 다음 날 학교에 가고 그랬죠. 강제로 하라고 했으면 못 할 텐데 제가 하고 싶어서 그렇게 한 거예요. 공부도 잘하고 싶고 미술도 잘하고 싶어서 그랬죠.

대학교에 진학한 후 유학을 결심

공예과에 진학한 저는 대학 다닐 때도 과제하고 아르바이트하면서 바쁘게 생활했어요. 그런데 학교생활을 하면서 저는 작가가 될 마음이 없다는 것을 확실히 알았어요. 작가들을 보면 약간 뭔가에 완전히 미쳐있다는 느낌이 있어요. 학점에 상관없이 자기주장대로 과제물을 만들어 오는 학생들이 있는데, 저는 학점을 포기할 정도로 고집이 있지도 않고 무슨 일을 해도 계획적으로 하는 걸 좋아해요. 그래서 작가가 되기보다는 작가들을 사람들에게 알리고 작가들이 성장할 수 있게 도와줘야겠다고 생각했죠. 그런 일이 뭐가 있을까 생각해 보니 미술 시장에서 작품을 사고파는 옥션이나 갤러리에서 일할 수도 있고, 큐레이터가 되어 작가의 작품을 대중에게 선보이고 가치를 높이는 일도 있더라고요. 그때까지는 꼭 큐레이터가 되어야겠다는 생각보다 예술품을 거래하는 상업 현장이 재미있어 보였어요. 한국에는 미술품을 사고파는 옥션을 가르치는 곳이 없어서 영국에 있는 소더비 대학원에 진학하기로 결심했지요.

유학을 결심한 후 저는 부모님을 설득했고, 두 분의 믿음과 지원으로 유학 준비를 시작했어요. 알아보니 외국 대학원은 지원서를 낼 때 추천서가 중요하더라고요. 마침, 학과에 교환교수로 오신 미국인 교수님이 계셔서 추천서를 써 달라고 부탁드렸어요. 또 미술관 경력도 필요해서 서울의 사립미술관에서 인턴 경력을 쌓고 그곳에서도 추천서를 받았어요. 이렇게 차근차근 준비해 대학원에 합격해 영국으로 날아가게 되었죠.

최선을 다해도 안 되는 게 있다는 것을 배운 유학 시절

9월부터 시작하는 대학원 수업을 위해 7월 말에 런던에 도착했어요. 한 달 정도만 현지에서 영어를 배우면 충분히 수업을 들을 수 있을 거라는 자신감이 있었어요. 그런데 수업에 들어갔더니 영국식 발음이 너무 낯설어 들리는 게 하나도 없더라고요.

그래서 교수님께 수업을 녹음해도 된다는 허락을 받고 집에 와서 녹취를 풀어보는데, 정말 힘들었어요. 명확하게 알아듣지 못하니까 천천히 여러 번 듣는 거예요. 시간이 엄청 많이 들죠. 그때 제 인생에서 처음 좌절감을 느낀 것 같아요. 저는 학사도 3년 만에 조기 졸업했거든요. 학점도 매우 높았고 장학금도 거의 받았어요. 대학교 때 공부하면서 아르바이트도 하고 정말 바쁘게 살았어도 결과가 매우 좋았는데 영국에서는 그게 안 되는 거예요. 저는 매일 학교 다녀와서 5분 거리의 도서관에 갔다가 책 보고 밤 10시쯤 들어와서 과제하고 12시쯤 자면서도 따라가는 게 너무 힘든데 다른 애들은 서로의 집에 가서 놀고 축구도 보고 뮤지컬도 보더라고요.

한 학기가 끝나고 성적이 나왔는데 깜짝 놀랐어요. 제가 기대했던 성적이 아닌 거예요. 이런 성적을 받아본 적이 없었어요. 뭐가 문제일지 생각해 봤죠. 다른 대학원생들은 대부분 영국인이나 미국인이었어요. 그들에겐 영어가 모국어더라고요. 외국인으로서 영어를 잘한다고 해도 글 쓰는 방식이 모국어 사용자들과는 다르잖아요. 우리나라에 교환학생으로 온 외국인 학생이 한글로 에세이를 쓰면 의사전달은 되겠지만 어색한 문장이 많은 것처럼 제가 영어로 쓴 에세이가 그럴 것 같더라고요. 저는 그것도 모르고 영어를 모국어로 사용하는 사람들과 같은 수준으로 쓰고 싶다는 생각을 한 거예요. 그런데 그건 불가능해요. 외국인이 한국어 뉘앙스를 모르는 것과 같은 거죠. 그래서 친구에게 에세이를 제출하기 전에 좀 봐달라고 부탁했어요. 그 친구가 읽더니 "이 문장 내용이 맞기는 한데 이렇게 쓰는 것이 더 적합해"하고 가르쳐줬어요. 그러면서 문제를 좀 극복하기 시작했죠.

글쓰기도 그렇지만 발표 수업도 마찬가지였어요. 발표 수업이 워낙 많으니까 저는 글로 써놓고 달달 외웠어요. 제가 말하고자 하는 것을 70~80퍼센트만이라도 전달하자는 마음이었어요. 그런데 발표한 다음에 질문을 받았는데 모르는 게 나오면 당황하는 거예요. 한국은 교수님이 질문했는데 학생이 모른다고 하면 '왜 몰라, 공부를 제대로 하고 왔어야지' 이렇게 지적을 받는 경우가 많아요. 그런데 문화가 다르더라고요. 영국에선 모르면 모른다고 말하고 다음 발표 때 공부해서 공유하겠다고 하면 되는 거예요. 그런 문화를 알고 나니까 마음도 편해지고 적응하게 된 것 같아요.

이전까지 좌절감이나 패배감 같은 걸 크게 느껴보지 못했는데, 대학원에서 최선을 다해도 안 되는 일이 있다는 걸 경험했어요. 하지만 영국 유학 시절은 정말로 많은 것을 얻은 값진 경험이었어요.

영국 대학원 시절

영국 대학원 시절

미술관 큐레이터가 되어

　소더비 대학원을 마치고 귀국해서 바로 취직이 되었어요. 미술품 경매 회사에서 아트 컨설턴트로 1년 정도 일을 했고, 국립현대미술관과 경기도미술관을 거쳐 지금은 수원시립미술관에서 일하고 있어요.

　제가 학예연구사가 된 지 13년 정도가 되었는데, 이 일을 시작하고 한 5년 정도까지는 처음 해보는 일이라 너무 재미있었고 일할 때는 고도로 집중했어요. 안 그러면 사고가 나니까요. 그런 저를 보고 선배들이 '힘을 좀 빼야 한다'라고 하더라고요. 그때는 그 말이 무슨 의미인지 몰랐어요. 시간이 지나고 나서 알았어요. 완벽하게 준비하려고 너무 집중하면 전시에 힘이 들어가요. 그러면 관람객도 전시에 힘이 들어간 걸 느끼니까 편안하게 보지 못하는 거예요. 힘이라는 게 더 많이, 더 잘 보여주려는 욕심인데, 그게 지나치면 오히려 전시를 어렵게 만들더라고요. 그래서 요즘엔 저도 후배 학예연구사들에게 예전에 선배들이 저에게 했던 것처럼 힘을 좀 빼야 한다고 말하게 되네요. 이런 말을 할 수 있게 되었다는 건 새로운 사건이 터지는 것에 익숙해지고 또 능숙하게 해결하게 되었다는 거겠죠.

요즘엔 '워라밸'에 대해 생각해요. '워크' 쪽에 기울었던 생활을 '라이프' 쪽으로 좀 기울여야 할 때가 된 것 같아요. 이제까지는 일에 집중하는 게 좋았고, 그게 당연한 거였는데 조금 소진된다는 생각이 들어요. 이 일을 좋아하는 만큼 오래 하려면 제 생활에 균형이 필요한 것 같아요. 그래서 가끔은 미술로부터 완전히 떨어져 보는 여행을 해요. 일에서 멀어져 가벼운 일상을 살아보면서 힐링하는 거죠. 지치지 않고 일을 오래 할 수 있도록 쉬는 시간도 가지고 일에 몰두하는 습관도 좀 조절하려고 하고 있어요.

2024년 전시 개막식

7장에서는?

앞에서 미처 해결하지 못한 궁금증을 해결하는 시간! 큐레이터는 미술관에서 어떤 사람들과 협력하는지, 업무 평가는 어떻게 받는지, 연봉은 얼마인지, 여러분이 알고 싶은 질문을 모아봤어요. 또 큐레이터의 미래는 어떨지, 이 일을 하다가 다른 분야로 진출할 수 있는지 등도 알아보아요.

미술관 큐레이터와 박물관 큐레이터는 어떻게 다른가요?

　박물관은 오래된 유물을 포함해 역사적이고 학술적인 자료를 종합적으로 모아 전시하는 곳이고, 미술관은 순수미술과 현대미술 등 주로 미술 작품을 기획 전시하는 곳이에요. 박물관 큐레이터는 대체로 사학과나 고미술 관련 전공자를 채용하고, 유물을 잘 보존하는 일도 업무 중 하나예요. 보관할 때도 유물이 훼손되지 않도록 주의하고, 전시 방법도 보존에 초점을 두지요. 그래서 박물관에 전시된 그림과 유물은 대부분 유리 액자 속에 있어요. 온도와 습도도 맞추고 유물이 손상되지 않도록 조명도 조절하고요. 반면에 미술관은 근현대 미술 작품들을 주로 전시하기 때문에 작품을 다양한 방식으로 연출하여 전시하고 조명도 다르게 할 수 있죠. 대신에 보존보다는 전시 기획과 관련된 일들이 훨씬 많아요. 또 유물은 저작권이 없는 반면에 현대 예술품은 저작권의 제약을 받기 때문에 전시를 준비하는 일도 차이가 있지요. 직업 이름은 같지만, 전공과 하는 일이 달라요. 그래서 박물관 학예연구사가 미술관으로 오거나 반대로 미술관 학예연구사가 박물관으로 이직하는 건 거의 불가능해요.

국공립미술관과 사립미술관은 어떤 차이가 있나요?

국공립미술관과 사립미술관은 운영 방식, 자금 조달, 목적 등에서 차이가 있어요. 국공립미술관은 주로 정부나 지방자치단체의 자금 지원을 받고 수익을 목적으로 하지 않기 때문에 대체로 입장료가 낮거나 무료예요. 반면에 사립미술관은 개인, 재단, 기업 등의 민간 자금으로 운영돼요. 기부금이나 후원금으로 운영하는 곳도 있고요. 국공립미술관에 비해 입장료가 비교적 높은 편이죠. 운영 목적도 다른데요. 국공립미술관은 예술 교육과 문화 보급을 주요 목적으로 하므로 지역 사회에 예술을 제공한다는 의미가 강하고, 더 많은 사람들이 예술을 접할 수 있도록 다양한 교육 프로그램과 전시회를 제공해요. 사립미술관은 사회에 공헌할 목적으로 세운 곳도 있지만, 상업적 목적으로 세운 곳도 있어요. 상업적 목적이라면 예술가와 작품을 홍보하고 판매하는 데 중점을 둘 수도 있어요. 소장품과 전시에서도 두 미술관은 차이를 보이죠. 국공립미술관은 다양한 시대와 매체의 작품을 전시하는 데 중점을 두지만, 사립미술관은 개인이나 단체의 소장품을 전시하는 경우가 많고, 전시도 특정 예술가, 장르, 시대 등에 집중하는 경향이 있어요. 때로는 독창적이고 실험적인 전시를 기획하기도 하고요.

2022년 국립대만미술관 초청 강연

2018년 기획전 개막식

미술관에서는 또 어떤 사람들이 일하나요?

QUESTION 03

　미술관에는 전시 기획 전문가인 학예연구사뿐 아니라 홍보 전문가, 교육 전문가, 행정 전문가, 시설 전문가들이 각 부서에서 일하고 있어요. 미술관의 규모에 따라 약간의 차이가 있을 수는 있죠. 규모가 작은 미술관은 교육팀이나 홍보팀이 따로 없을 수도 있어요. 이런 경우는 학예연구사가 직접 홍보와 교육을 함께 운영하기도 해요. 이건 장단점이 다 있는 것 같아요. 여러 팀이 있는 경우 학예연구사는 자료를 다 정리해서 각 팀에 전달해야 하고 이해를 돕기 위해 소통하는 시간도 필요해요. 대신에 결과물이 훨씬 더 전문적으로 나오겠죠. 반면에 학예연구사가 홍보와 교육을 다 담당할 때는 자료를 정리하고 소통하는 시간을 줄일 수 있다는 장점이 있지만 홍보 효과를 극대화하지 못하는 단점이 있는 거죠. 교육 프로그램도 마찬가지로 학예연구사는 기본적으로 교육 프로그램을 만들 줄 알지만 교육 학예연구사처럼 생애주기에 맞는 전문적인 교육 프로그램은 못 만들겠죠. 그래서 국공립미술관은 전시 기획을 담당하는 학예팀과 별도의 홍보팀, 교육팀이 따로 있어서 각자 전문 분야를 담당해요.

연봉은 얼마인가요?

국공립미술관의 학예연구사는 전문직종이에요. 그래서 공공기관에 근무하지만 일반 공무원과는 급여 체계가 달라요. 처음 시작하는 단계인 7/8/9급 학예연구사의 초봉은 4천만 원에서 6천만 원 정도부터 시작하고, 팀장급이 되면 6천만 원에서 8천여만 원, 실장급이 되면 9천만 원에서 1억 원 정도 돼요. 사립미술관의 학예연구사 초봉은 이보다 낮은 곳도 많지만 성과에 따라 높은 곳도 있다고 알고 있어요. 학예연구사는 대부분 석사 이상의 학력자가 많아요. 다른 직종에 비해 학력이 높아서 취업하기까지 학비와 비용이 많이 들어요. 그런 면에서 보면 연봉이 그렇게 많은 편은 아니라고 생각해요. 단순히 돈을 많이 벌고 싶으면 다른 일을 해야겠죠. 그런데 학예연구사들은 직업 만족도가 높은 편이에요. 큰돈을 벌기보다는 좋아서 하는 일이라 성취감과 만족감이 있는 것 같아요.

업무 평가는 어떻게 하나요?

　국공립미술관은 1년에 한 번씩 성과 평가를 해요. 미술관 내부에서만 하는 평가가 아니에요. 국립은 행정부 차원에서, 도립은 도 차원에서, 시립은 시 차원에서 평가하는 거예요. 한 해 동안 했던 업무를 다 평가해서 S등급, A등급, B등급, C등급으로 매겨서 다음 해 성과급과 연봉에 반영해요. 그래서 직급이 같은 학예연구사가 여러 명이라 해도 연차와 성과급에 따라 조금씩 급여가 다를 수 있어요.

　평가서에는 학예연구사의 실적을 증빙하는 내용이 들어있어요. 관람객의 전시 참여도나 만족도는 어느 정도였는지, 신문 방송에 기사 등의 평가는 어떤지 등 여러 항목이 있어요. 예를 들어 이전 전시에서는 관람객의 만족도가 87퍼센트였는데 이번 전시에서는 97퍼센트가 나왔다, 기사는 몇 번 나갔다는 내용들이죠. 이런 평가서를 근거로 기준에 따라 성과를 평가하고 실적에 반영하죠. 만약 평가에 문제가 있다고 생각하면 이의 신청도 할 수 있어요.

큐레이터의 수요는 많은가요?

현재 미술관을 지으려는 지방자치단체가 많이 있어요. 경기도만 해도 시립미술관이 없는 용인시와 시흥시, 화성시 등에서 미술관 건립을 추진하고 있어요. 강원도의 춘천시도 준비하고 있고요. 여러 지방자치단체에서 우리 미술관의 운영 방식을 배우려고 방문도 하죠. 경제력이 높아질수록 사회적으로 문화에 대한 투자를 많이 해요. 또 시민들도 문화를 누리려는 욕구가 높아지고요. 이런 수요가 생기니까 지방자치단체에서도 미술관 건립을 추진하는 거예요.

기업에서도 미술관을 건립하려는 곳이 꽤 있어요. 문화 예술에 대한 식견이 높은 경영자들도 많고, 수집해 놓은 작품도 있어서 문화재단을 설립하거나 미술관을 지어 대중에게 선보이려고 하지요. 그래서 새로 생기는 미술관이 앞으로는 많아질 거예요. 달리 말하면 미래로 갈수록 학예연구사를 필요로 하는 곳이 많을 거로 예측해요.

다른 분야로 진출할 수도 있나요?

이 일을 하다 아트 디렉터(예술 감독)로 진출하는 사람이 많아요. 요즘엔 기업들이 예술에 관심이 많고, '크리에이티브 씽킹Creative Thinking'이라고 해서 창의적인 사고를 중시해요. 그래서 이 두 가지가 합쳐져 새롭고 창의적인 것을 만들어내길 바라요. 예술과 관련이 없는 회사라도 예술 행사를 많이 열어 기업 이미지를 고급화하려고 하지요. 영화 현장에서도 아트 디렉터가 공간과 소품을 담당하는 등, 이 분야는 시각적인 것과 관련이 있어서 할 수 있는 일은 정말 많아요.

또 작품 보존수복 분야의 전문가가 될 수 있고, 미술관에서 교육을 담당하는 교육 학예연구사도 될 수 있어요. 학예연구사는 늘 공부하는 일이라 미술과 관련된 공부를 좀 더 학술적으로 하다 보면 미술 도서를 쓰는 전문 작가가 되기도 하죠. 대학의 교수가 되기도 하고요. 갤러리에서 업무를 하는 갤러리스트, 작품을 사고파는 옥셔니스트가 되거나, 아트 페어와 같은 곳에서 일할 수도 있어요.

큐레이터의 미래를 어떻게 예상하세요?

QUESTION 08

요즘 인공지능이 대체할 직업이 뭘까, 라는 이야기가 많이 들리는데, 과연 AI가 인간의 감성과 관련한 일도 잘할 수 있을까에 대해서는 의문이에요. 저도 AI는 어떻게 전시를 기획할지 상상해 봤어요. 먼저 작가 연구를 하고 과거에 열렸던 전시회를 참고해서 전시를 기획할 거예요. 그런데 큐레이터는 단순하게 작품들을 배치하는 사람이 아니라 그 작가를 통해 보여주고 싶은 것을 구현하는 사람이에요. 예를 들어 어떤 작가의 작품을 전시한다고 하면 그 전시는 학예연구사가 관람객에게 전하고자 하는 생각과 의도가 들어가게 돼요. 어떻게 보면 작품 해석인 거죠. 그래서 같은 작가의 같은 작품이라 하더라도 전시를 기획하는 사람의 관점에 따라 다 다르게 표현할 수 있어요. 또 좋아하는 작품도 달라서 하이라이트로 보여주고 싶은 작품이 다를 수도 있고요. AI에게 전시를 맡기면 과거의 전시를 학습해서 만들어낼 수는 있겠죠. 그런데 사람이 가지는 주관적인 감성과 경험까지 표현하는 건 어려울 것 같아요.

외국 전시를 많이 보는 게 도움이 될까요?

QUESTION 09

　우리나라 전시와 외국 전시는 많이 달라요. 외국의 전시를 많이 보면 배우는 것도 많고 아이디어를 얻을 수도 있어요. 저는 전시를 보러 중국에도 가끔 가는데요. 중국은 우리와 가까운 나라인데 사고방식이 정말 다르더라고요. 뭐랄까 중국 사람들은 정말 중국이 세상의 중심이라고 생각하는구나, 이런 느낌이 들었죠. 중국은 전시의 스케일도 크고 전시하는 방법도 과감해요. 한 번은 미사일이 하늘에서 떨어져 땅에 박혀있는 전시 작품을 관람했는데 깜짝 놀랐어요. 어마어마하게 큰 구조물을 보고 놀라기도 했지만, 그 구조물이 박힌 곳이 미술관 바닥이라서 더 놀랐어요. 미술관 바닥을 깨고 구조물을 설치했더라고요. 이런 경우 우리나라는 바닥에 시멘트로 단을 만들어 깔고 그 시멘트를 깨서 미사일이 땅에 박힌 느낌을 내거든요. 그런데 진짜 바닥을 깬 거예요. 우리로서는 상상도 못 할 일이죠. 그리고 나머지 전시 공간도 마찬가지로 스케일이 다 컸어요. 그래서 처음엔 충격을 크게 받았죠.

외국 전시를 볼 때는 사진이나 동영상으로 보는 것보다 직접 가서 보는 것을 추천해요. 사진으로 보면 큰 공간인지 작은 공간인지 구분이 잘 안돼요. 구조만 보이니까 실감이 안 나고 '아, 이렇게 구조물을 만들었구나' 정도로 생각하는 거죠. 그런데 이런 전시를 실제로 보면 정말 다르거든요. 공간의 스케일이 사람을 압도하는 게 있어요. 그 전시를 보면서 중국은 우리가 할 수 없는 것까지 하겠구나, 이런 생각도 들었죠.

외국 전시를 보러 다니면 독특한 전시도 많이 보면서 시야도 넓어지고 또 세계적인 트렌드도 파악할 수 있어요. 우리나라 전시만 보면 뒤처질 수도 있는 거니까요. 그리고 해외 전시를 직접 보면서 내용도 보지만 기술적인 것도 봐요. 구조물은 무슨 색깔을 사용했는지, 무슨 나무를 덧대어 만들었는지, 모니터를 배치했는데 그걸 지지하는 부품은 무엇을 사용했는지도 보고, 또 저렇게 스피커를 다니까 관람객의 동선에 불편함이 없고 시선을 방해하는 게 없구나, 하는 것들도 배우는 거죠.

파리 퐁피두 센터에서

프랑스 루이비통 재단 미술관에서

시드니 현대 미술관에서

전시회가 끝나면 어떤 기분이 드세요?

QUESTION 10

전시의 마무리는 작품을 포장해서 내보내는 거예요. 그때는 시원섭섭한 마음이 들죠. 전시 기간 사고가 있었다면 있었던 대로 없었다면 또 그런대로 시원하고, 무엇보다 작품이 파손되는 사고가 일어나지 않은 게 가장 안심이 되는 거죠. 그런데 작품이 포장되어 차에 실려 나가는 걸 보면 섭섭한 감정이 들어요. 오랫동안 품고 있던 자식을 떠나보내는 것 같다고 할까요. 도착지에 잘 가는지도 걱정되고요. 전시 철거할 때는 영상으로 기록을 남겨요. 사람들이 와서 작품을 철거해서 포장하는 모습, 이동하는 모습, 차에 실리는 모습, 차가 전시장을 빠져나가는 모습까지 모든 과정을 카메라로 찍어 두죠. 미술품을 전문적으로 운송하는 업체에서 나와 포장하고 커다란 컨테이너에 싣고 이동할 때는 작품을 떨어뜨릴까 봐 걱정도 하고, 작품을 실은 컨테이너 화물차가 골목을 돌아나가는 순간에는 눈물이 핑 돌기도 해요. 그게 이별의 감정인 것도 같아요. 정이 많이 들었던 작품들과 이별하는 느낌이죠.

CHAPTER. 8

나도 미술관 큐레이터

1. 지금까지 내가 가본 미술관은 어디 어디인가요? 기억나는 전시회는 무엇이고, 어떤 점이 좋았는지 써보세요.

----

2. 회화, 조각, 사진, 공예 등 미술 분야는 다양해요. 내가 관심 있는 미술 분야는 무엇이고, 왜 그 분야에 끌리는지 적어보세요.

----

3. 관람객의 눈이 아니라 큐레이터의 마음으로 전시회를 보고, 왜 이런 전시를 기획했을까 생각하고 써보세요.

----

4. 내가 기획자가 되어 좋아하는 작가나 관심 있는 주제로 전시회를 연다고 하면 관람객에게 어떤 메시지를 전달하고 싶은지 적어보세요. 전시의 제목도 생각해보세요.

5. 전달할 메시지에 알맞은 작가와 작품을 선정해 그 이유를 써보세요.

초등학생의 진로와 직업 탐색을 위한 잡프러포즈 시리즈 50

미술관 큐레이터는 어때?

2025년 3월 18일 초판 1쇄

지은이 | 박현진
펴낸이 | 김민영
펴낸곳 | 토크쇼

편집인 | 박성은
표지 디자인 | 이희우
본문 디자인 | 책읽는소리
마케팅 | 신성종
홍보 | 이예지

출판등록 2016년 7월 21일 제 2023-000173호
주소 | 서울시 마포구 월드컵북로98, 2층 202호
전화 | 070-4200-0327
팩스 | 070-7966-9327
전자우편 | myys327@gmail.com
ISBN | 979-11-94260-30-1(73190)
정가 | 13,000원

이 책의 저작권은 저자와 출판사에 있습니다.
서면에 의한 저자와 출판사의 허락 없이 책의 전부 또는
일부 내용을 사용할 수 없습니다.